はじめに

　2010年4月の発行以来、好評をいただいてきた既刊「レッツ・プレイ・ザ・バイエル」をベースに、新たに「Plus ピアノ曲」を刊行することになりました。

　小学校教諭・幼稚園教諭・保育士などを目指す皆さんにとって、ピアノの演奏技術はあらゆる音楽表現において必要な基本的スキルであると言えます。本書はピアノの基礎はもちろんのこと、一定のレベルに到達した皆さんにもより発展的な演奏表現を身につけられるよう、ピアノを弾くために必要な知識を再編し、バイエルと併用または終了後にも学べる楽曲を "Let's try!!" として新たに9曲を追加しました。練習する順番は問いませんので、それぞれのペースに合わせてぜひチャレンジしてみてください。

　ピアノの練習は一朝一夕に進むものではありません。日々の地道な繰り返しが次第に大きな効果を生み出すようになります。そのためには自学自習はもちろんのこと、指導してくださる先生からのメッセージを積極的に吸収し、頭と身体の両方を駆使して練習を進めながら "ピアノ脳" を形成していくことが大切であると私たちは考えます。

　そして、"音楽" を文字通り楽しいと感じられること、その楽しさをいずれ教師や保育 者として児童や乳幼児に伝えられるよう、まずは本書での学習を通して基礎固めをしてく ださい。また、自身の練習にとどまらず、他者の演奏や様々なジャンルの音楽に触れて " 聴く耳 "を養うこともお勧めします。

　それでは、皆さんの頑張りを心より応援しています。それぞれの夢へ向かってがんばっ てください！

編著者一同

もくじ

小学校教諭・幼稚園教諭・保育士をめざす人のための

Let's play the BEYER

Plus ピアノ曲

圭文社

■バイエル練習曲

楽典豆知識　バイエルをはじめる前に

1. 譜表

音楽では音の高さを決めるために五線を用います。
五線には最初に音部記号と呼ばれるト音記号・ヘ音記号が書かれ、音の高さを決めています。ピアノの楽譜では主に左手はヘ音記号、右手はト音記号の楽譜が用いられます。このような楽譜を大譜表といいます。

■ 高音部譜表（ト音記号）　　■ 低音部譜表（ヘ音記号）　　■ 大譜表

中央ド　　　　　　　　　　中央ド

2. 拍子記号

音部記号の次に書かれるのが拍子記号といわれるものです。四分の四拍子、四分の三拍子、八分の六拍子などいろいろな拍子があり、これから始まる曲の1小節間の音楽のまとまりを二つの数字を上下に積み上げて表しています。下の数字は基準となる音符の種類を表し、上の数字は基準となる音符が1小節に入る個数を表しています。例えば四分の四拍子であれば、1小節に四分音符にあたる音符が合わせて4個分入り、4拍子で演奏を行なうことを意味しています。

ちなみに 𝄵 は、二分の二拍子を、また 𝄴 は四分の四拍子を表しています。1番練習曲にはこの記号が書かれていますので、四分の四拍子の曲となります。

■ 四分の四拍子の例

きらきら星

■ 四分の三拍子の例

うみ

■ 八分の六拍子の例

思い出のアルバム

3. 音階

譜表の低い音から高い音にむかって順番に音を並べたものを音階といいます。
バイエルでは七つの音からつくられる「七音音階」を学びます。
音階には「長音階」と「短音階」があり、音階の最初の音（主音）の日本音名を付け「八長調」「ヘ長調」「八短調」「ニ短調」などとよびます。
バイエル最初の練習曲は八音（ド）を主音とした「八長調です」

■ 日本音名（イタリア語）

ハ（ド）　　ニ（レ）　　ホ（ミ）　　ヘ（ファ）　　ト（ソ）　　イ（ラ）　　ロ（シ）

4. 音価

■ 音符と休符の長さ

音　符		休　符		音符／休符の長さ（4分音符を1拍とした場合）
o	全音符	━	全休符	4拍
♩	2分音符	━	2分休符	2拍
♩	4分音符	𝄽	4分休符	1拍
♪	8分音符	𝄾	8分休符	$\frac{1}{2}$拍
♬	16分音符	𝄿	16分休符	$\frac{1}{4}$拍

■ 付点音符と付点休符の長さ

付点が付いた音符（休符）は、元になる音符（休符）の半分の長さを加えた長さです。

音　符		休　符		音符／休符の長さ（4分音符を1拍とした場合）
♩.	付点2分音符	━·	付点2分休符	2拍＋1拍
♩.	付点4分音符	𝄽·	付点4分休符	1拍＋$\frac{1}{2}$拍
♪.	付点8分音符	𝄾·	付点8分休符	$\frac{1}{2}$拍＋$\frac{1}{4}$拍

■ 連符について

基本となる音符を3等分、5等分、6等分…などする場合は連符を使って記譜します。連符の上に書かれた数字は何分割したかを表します。

バイエルでは、74番、85番、86番、92番において、4分音符1つを3等分にしたいわゆる「3連符」が出

てきますが、この場合は4分音符の半分の長さである8分音符で表します。ただし、5連符や7連符の場合はルールが変わり、さらに半分の長さで表すことになります。

5. 本書に出ている音楽用語

73 ：本書での曲番号
（B99）：バイエル原典番号

■ 速さを示す用語（伊）

用語	読み方	意味	初出番号
Adagio	アダージョ	ゆるやかに	73 (B99)
Allegretto	アレグレット	やや速く	6 (B17)
Allegro	アレグロ	速く	70 (B96)
Allegro moderato	アレグロ・モデラート	ほどよく速く	36 (B01)
Andante	アンダンテ	ゆっくりと、歩く速さで	13 (B32)
Andantino	アンダンティーノ	アンダンテより速く	P.52
Comodo	コモド	気楽に、ほどよく	22 (B46)
Moderato	モデラート	中くらいの速さで アンダンテとアレグロの中間くらいの速さ （伊語で控え目の、無茶をしない、ほどよい）	1 (B12)
Tempo di valse Viennesse	テンポ・ディ・ヴァルス・ヴィアニーズ	ウィンナーワルツのテンポで	P.79

■ 強弱記号（伊）

記号	綴り	読み方	意味	初出番号
p	piano	ピアノ	弱く	32 (B57)
mp	mezzo piano	メッゾ・ピアノ	やや弱く	P.21
mf	mezzo forte	メッゾ・フォルテ	やや強く	30 (B55)
f	forte	フォルテ	強く	28 (B53)
cresc. ◁	crescendo	クレシェンド	だんだん強く	33 35 (B58) (B60)
decresc. ▷	decrescendo	デクレシェンド	だんだん弱く	33 (B58)
dim.	diminuendo	ディミヌエンド	だんだん弱く	35 (B60)
poco	poco	ポーコ	少し（色々な用語につきます。）	51 (B77)

■ 発想を示す用語

用語	読み方	意味	初出番号
legato	レガート	なめらかに、音を切らないで	5 (B16)
sempre legato	センプレ・レガート	常になめらかに（sempre 常に、絶えす）	15 (B35)

dolce	ドルチェ	柔和に、やさしく、あまく（伊語で菓子、ケーキ）	36 (B61)
dolciss. (dolcissimo)	ドルチッシモ	より柔和に	P.80
leggiero	レッジェーロ	軽快に	54 (B80)
marcato	マルカート	音を一つずつはっきりと	64 (B90)
Flowing forward	フローウィング・フォワード	前へ前へと流れるように	P.59
grazioso	グラツィオーソ	優雅に	P.80
energico	エネルジコ	力強く	P.80
Quick, mysterious	クイック、ミステリアス	速く、神秘的に	P.82
vivace	ヴィヴァーチェ	活発に	P.79

■ 奏法上の記号と用語

記号	綴り	読み方	意味	初出番号
	（英）slur	スラー	高さの異なる二つ以上の音を結ぶ弧線をスラーという。この部分はなめらかに切れないように演奏することを示す。この奏法を legato（レガート）奏法という。	1 (B12)
	（英）tie	タイ	同じ高さの二つの音を結ぶ弧線をタイという。タイで結んだ後の音は弾きなおさない。二つの音を合わせた長さ分をのばす。	11 (B29)
	stacc.（伊） staccato	スタッカート	音を短く切って演奏する。	37 (B62)
	（伊）mezzo staccato	メッゾ・スタッカート	やや音を切って短く演奏する。	4 (B15)
	（伊）staccatissimo	スタッカティッシモ	スタッカートより鋭く短く演奏する。（-issimo 最上級）	41 (B67)
	（伊）fermata	フェルマータ	つけられた音符または休符の2倍程度伸ばす。（語源は停止するの意）	58 (B84)
	（英）repeat	リピート	繰り返し記号。‖: :‖ の間をくり返して演奏するという意味。:‖ のみの場合は最初にもどって繰り返す。	3 4 (B14) (B15)
	accent	アクセント	＞のついた音は特に強く演奏する。	34 (B59)
8-------⌐	（英）octave	オクターブ	*8*は最初の音から数えて8番目、1オクターブ上を示す。------ のところまで1オクターブ高く演奏する。	20 (B44)
1.ma 2.da	（伊）prima （伊）seconda`	プリマ セコンダ	1回目は 1.ma の小節を演奏し、2回目に 1.ma をとばし、2.da の小節を演奏する。	22 (B46)
L.H. R.H.	left hand right hand	レフト・ハンド ライト・ハンド	左手で 右手で	P.79

9

ピアノ基礎知識

■ ピアノを演奏する指には右手左手それぞれに番号が付いています。

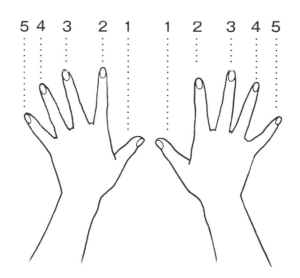

■ ピアノを弾く手の形は卵を軽くにぎった形、指先を軽く丸めたスタイルをとります。これは椅子に座り、脱力した手を下におろした際に自然に作られる手の形です。力を入れて無理矢理手を丸くすることは避けましょう。

■ ピアノを弾く際にはこの形を守りながら、指先で弾きます。

1. 基礎練習

1 基本ポジション

机の前に座り、脱力した状態で両手を下におろし、形作られたそのままの手を机の上におきます。手首も肘も机の上（基本ポジション）に置きます。

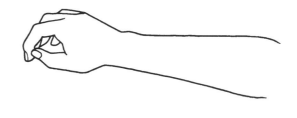

2 指の体操

① 基本ポジションの状態で右手 1 の指だけを上下に 8 回動かします。
同様に 2・3・4・5 の指を順番に上下に 8 回ずつ動かします。
動かさない指・手首・肘は机の上から離れないよう、また基本ポジションがくずれないよう注意しましょう。
左手も同様に行いましょう。
それぞれ 5 セットずつ行ってください。

② 基本ポジションをとり、指番号１・２・３・４・５の順にゆっくりと指一本ずつ上下に動かします。
　動かさない指・手首・肘は机の上から離れないよう、また基本ポジションがくずれないよう注意しましょう。
　左手も同様に行います。
　それぞれ５セットずつ行ってください。

　ピアノ初心者が一番苦労することは、指を動かすことでしょう。指を動かすということは、その指を動かす筋肉を鍛えることなのです。上記の基礎訓練を毎日行い、ピアノの鍵盤の重さに慣れるような指の力を身に付けてください。また、右利きの人は左手を、左利きの人は右手をより多く訓練して下さい。

■ 指くぐり・指またぎについて

　ピアノは88鍵の鍵盤があります。多くの鍵盤を弾くためには、指を効率良く運ぶことが必要になります。イラストのように、右手と左手の基本的な「ドレミファソラシド」の音階は8音の鍵盤を弾きますので、ここで指くぐりや、指またぎを使います。例えば、右手の場合「ミ」から「ファ」の鍵盤に移る場合、指は3から1に動く（指くぐり）ことになります。また、左手の場合「ソ」から「ラ」の鍵盤に移る場合、指は1から3に動く（指またぎ）ことになります。いずれの場合も、各動作の一つ前の音を弾くタイミングで指を素早く準備するように心がけるとスムーズに弾けます。音階の練習を通して少しずつできるようにしましょう。

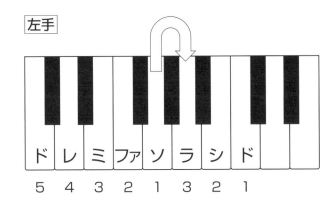

「指またぎ」とは、指の上を越す技です。

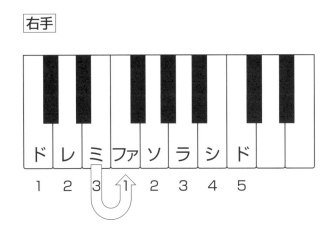

「指くぐり」とは、指の下をくぐらす技です。

③ 指の体操練習曲

右手、左手 それぞれを練習した後、スタッカートでも弾いてみましょう。

自学自習のための３本柱

1 うまく弾けないところは必ず右手左手を分けて練習しましょう。（必ず弾けない要因があります）

2 全体を通すだけの練習は避けましょう。（曲の途中から練習することも大切です）

3 １曲１曲暗譜するつもりでチャレンジしましょう。（すぐ忘れないように）

①

②

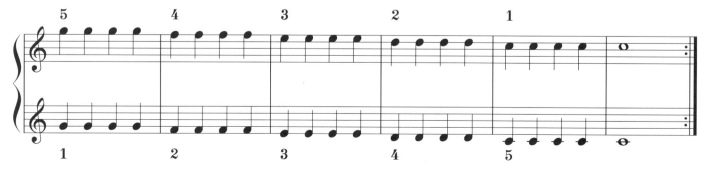

※（　）内の数字はバイエル原典番号です。

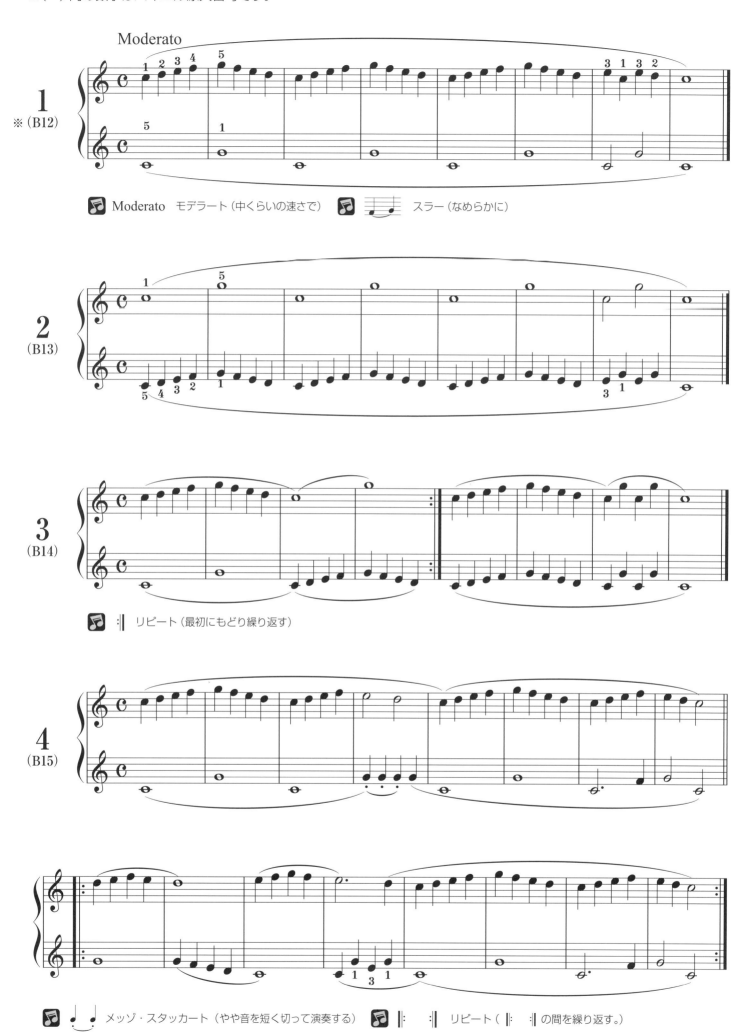

14

5
(B16)

🎵 *legato* レガート（なめらかに）

6
(B17)

🎵 Allegretto アレグレット（やや速く）

タイ（同じ高さの二つの音符が曲線で結ばれたもの。二番目の音符は鍵を打たず、二つの音符の長さ分のばす。）

先生

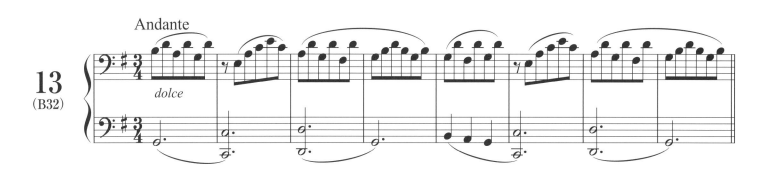

13
(B32)

14
(B33)

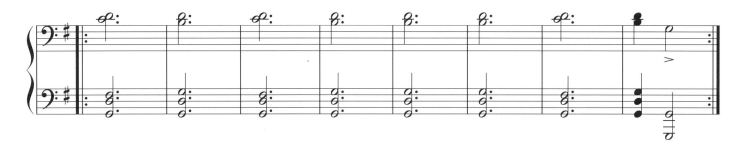

生徒

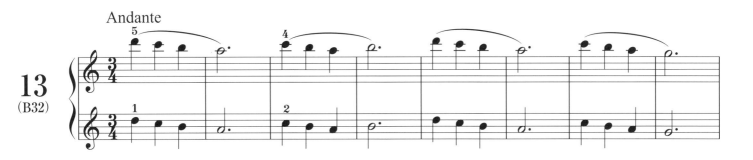

13
(B32)

🎵 Andante　アンダンテ（ほどよくゆっくり歩くように）

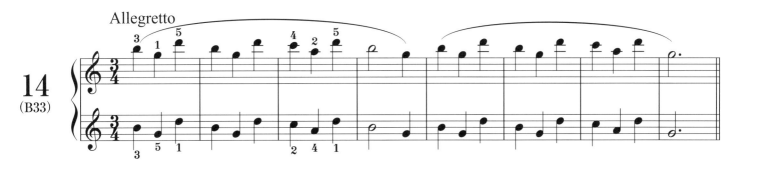

14
(B33)

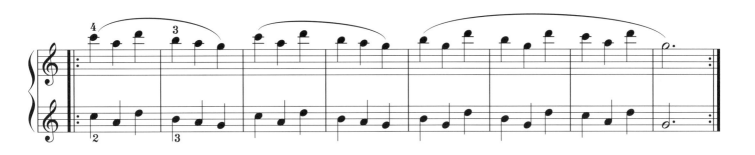

sempre legate　センプレ・レガート（常になめらかに）

Let's try!! 1

「スペインのフィエスタ」

J.S. トンプソン
(J.S.THOMPSON)

John Sylvanus Thompson: A Spanish Fiesta
©1937 by The Willis Music Company
Assigned to Zen-On Music Company Ltd. for Japan

先生

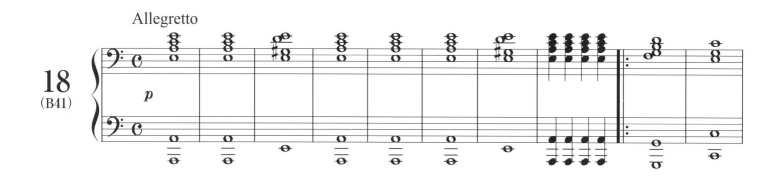

18
(B41)

Allegretto

19
(B42)

Andante

dolce

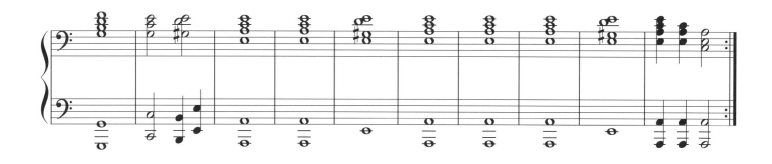

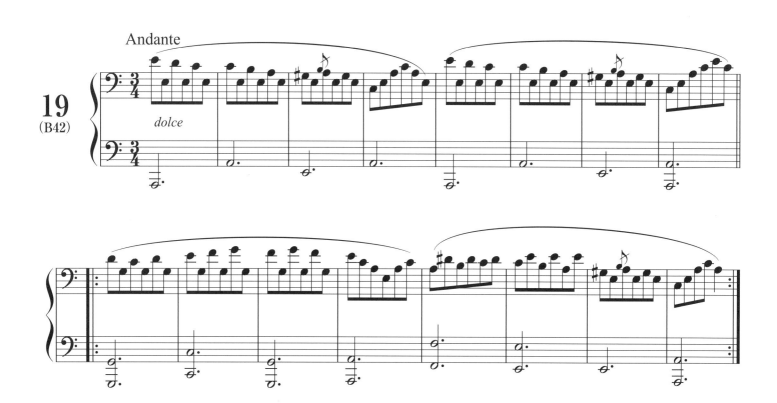

18
(B41)

19
(B42)

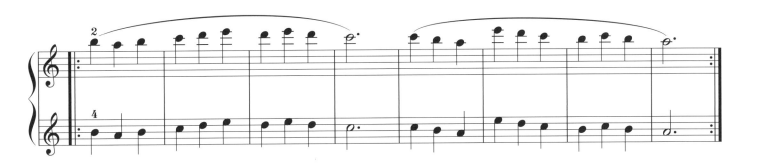

先生

拍子を「1・2・3・4」と数えながら演奏してみましょう。
八分音符は「1と2と3と4と」と数えましょう。

生徒

20
(B44)

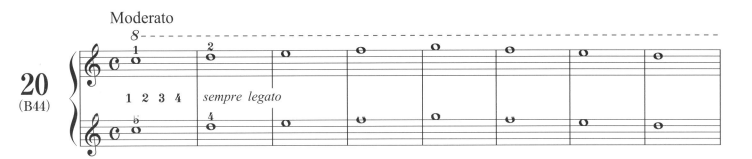

Moderato

1 2 3 4　　*sempre legato*

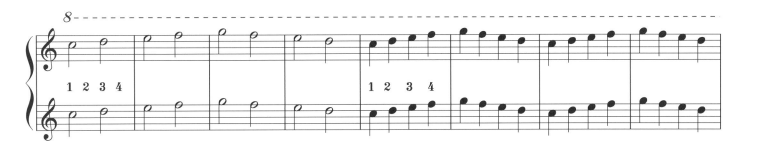

1 2 3 4

1 2 3 4

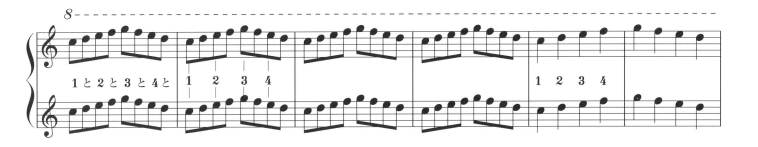

1と2と3と4と　1　2　3　4

1　2　3　4

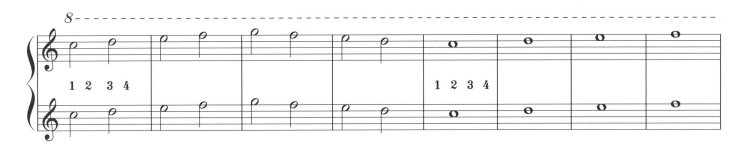

1 2 3 4

1 2 3 4

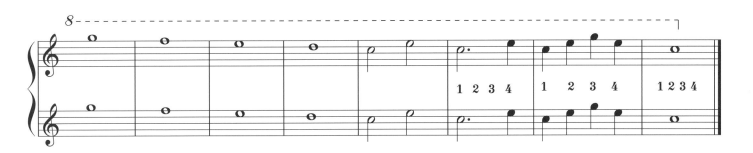

1 2 3 4　　1　2　3　4　　1 2 3 4

🎵 *8- - - - - -* ⌐ octave オクターブ（この記号がついている音は、その指示があるところまで1オクターブ高く演奏する）

八分音符練習

21
(B45) Moderato

22
(B46) Comodo

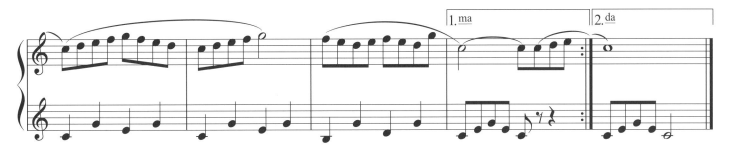

■ Comodo　コモド（気楽に、ほどよく）

■ 1.<u>ma</u> ＝プリマ、一回目、　2.<u>da</u> ＝セコンダ、二回目（一回目は 1.<u>ma</u> の小節まで演奏し、二回目に 1.<u>ma</u> をとばし、2.<u>da</u> の小節を演奏する）

Let's try!! 2

「短いお話」

H. リヒナー
(H.LICHNER)

Allegro moderato

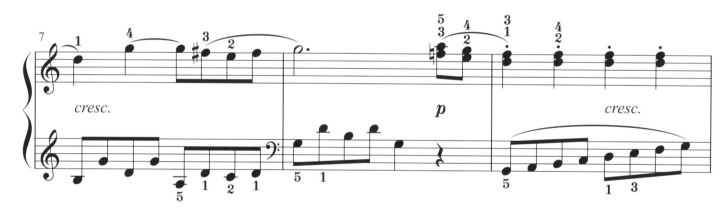

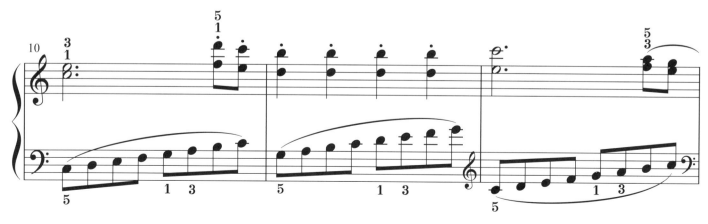

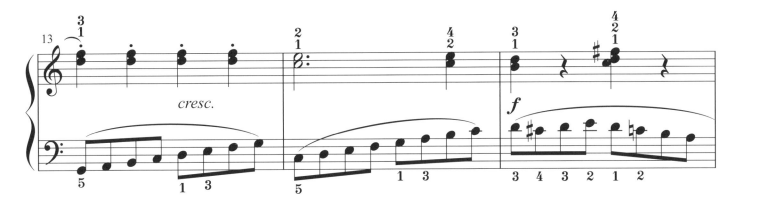

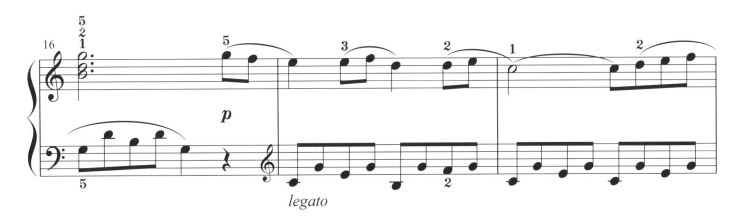

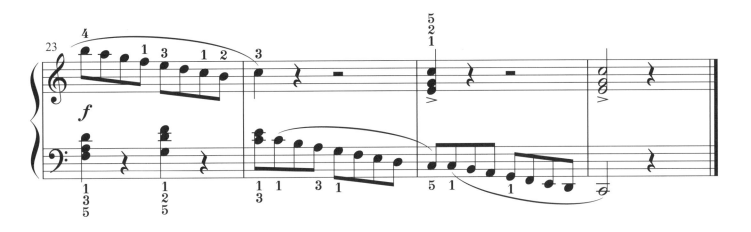

「アレグレット」

A. ディアベリ
（A.DIABELLI）

27
(B52)

28
(B53)

29
(B54)

f フォルテ（強く）

mf メッゾ・フォルテ（やや強く）

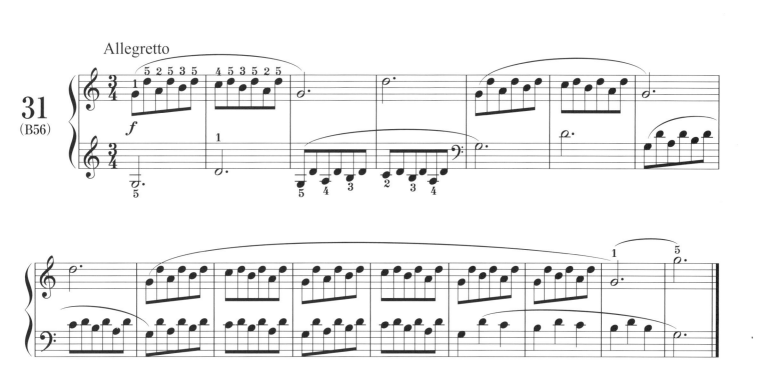

32
(B57)

🎵 *p* ピアノ（弱く）

33
(B58)

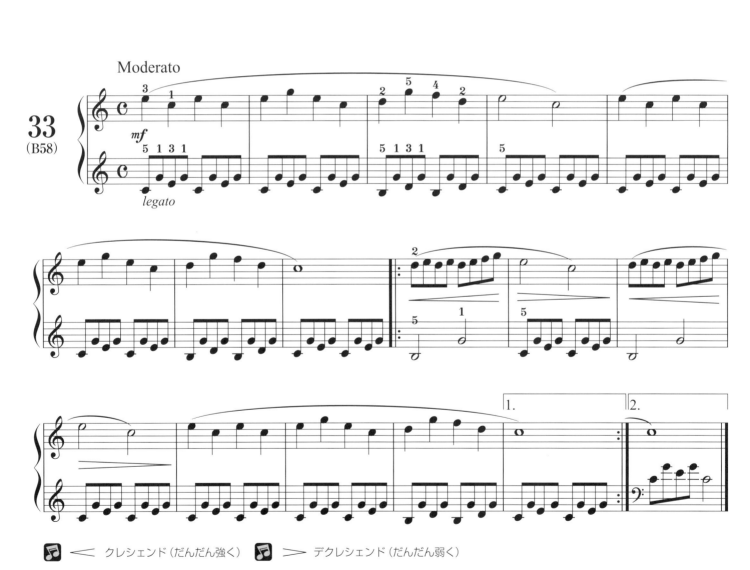

🎵 ＜ クレシェンド（だんだん強く）　🎵 ＞ デクレシェンド（だんだん弱く）

34
(B59)

Allegretto

legato

> アクセント（音符の上又は下にこの記号のある時、その音を強くはっきりと演奏する）

35
(B60)

Comodo

mf　*cresc.*　*dim.*

f　*dim.*

mf　*cresc.*　*dim.*

cresc. クレシェンド＝crescendo（だんだん強く）　*dim.* ディミヌエンド＝diminuendo（だんだん弱く）

36
(B61)

Alleg**ro moderato** アレグロ・モデラート（ほどよく速く）　*dolce* ドルチェ（柔和に、やさしく、あまく）

ポジション移動の練習です（1〜16、25〜32小節目右手、17〜24小節目左手）。
上手に弾くコツはそれぞれ五つ目の音（スタッカート）を歯切れよく弾き、手と腕を次の音へ
素早く移動させることです。そのためにはできるだけ早く音を覚えてしまうとよいでしょう。

🎵 ♩ ♩̇ スタッカート＝staccato（音を短く切って演奏する）

37

先生

38
(B64)

全体を一通り練習したら、次に左手の八分音符を先生の伴奏のテンポに合わせて弾いてみましょう。
ただし、左手に気を取られて右手のメロディーを伸びやかに弾くことを忘れないようにすることが大切です。

八調長音階

ド（日本音名：八）を主音として七つ音を並べた音階を八調長音階（八長調）といいます。
音階をひくときには途中で指の交換をしなければなりません。
十分注意をしながら音階の弾き方をマスターしましょう。

1〜10小節目まで左右それぞれ八分音符のメロディーをつなげて練習してみましょう。
曲の輪郭がはっきりして弾きやすくなります。

Moderato

39
(B65)

まず左手の伴奏を和音の変化に注意しながら、一定のテンポで弾けるように練習しましょう。
①と②の右手は弾きにくいので、繰り返し練習しましょう。

40
(B66)

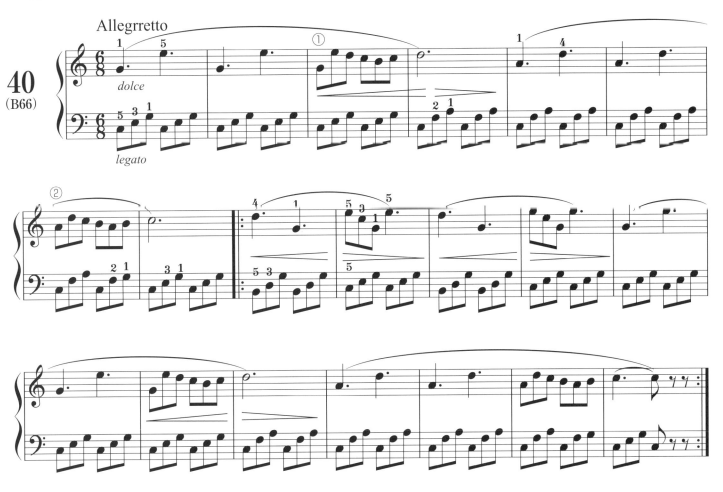

右手は移動の際に 1 と 5 の指の間隔が変わってしまわないよう手指のフォームを崩さずに弾くことが大切です。
手首を軽く構えることが大切です。

41
(B67)

🎵 ♩ スタッカティッシモ（スタッカートより鋭く短く演奏する）

三度の和音は力みやすいので、指を軽く下に落とすように弾くとよいでしょう。
楽譜1のとおり練習してみると効果的です。

ト調長音階

 ソ（日本音名：ト）を主音として七つ音を並べた音階をト調長音階（ト長調）といいます。
ソが指のスタートのポジション（右手は1の指、左手は5の指）となります。
指の交換位置はハ長調と同じですが、ファに♯が付くことに注意しましょう。

44
(B70)

45
(B71)

 まず伴奏部分を楽譜 2 のとおり legato で、手首が硬くならないよう練習しましょう。

楽譜 2

46
(B72)

ONE POINT ADVICE

７小節目右手は指を小さく構え、指の動きが大きくならないよう、
白鍵と黒鍵の間をはうように弾くことが重要です。
13小節目以降の右手は①②③の順でメロディーの後半から練習すると効果的です。

47
(B73)

楽典豆知識

三連符…… 一つの音符を３分割して弾きます。

メトロノームを使用し一定のテンポで拍子をしっかり感じながら legato で弾きましょう。
18、22 小節目右手のタイは長さがのびやすいので、タイを取って練習してみるとよいでしょう。

三連符

二調長音階

レ（日本音名：二）を主音として七つ音を並べた音階を二調長音階（二長調）といいます。
レが指のスタートのポジション（右手は1の指、左手は5の指）となります。
指の交換位置は八長調と同じですが、ファとドに#が付くことに注意しましょう。

左右のメロディーが会話するように歌わせましょう。5〜8小節目および13〜16小節目右手は、
それぞれ①②③の順で練習してみると効果的です。
（必ず二長調の音階を学習すること。）

49
(B75)

9〜12小節目右手は音が短くふぞろいにならないよう、音を保持しながら弾くことが大切です。
左手の伴奏は急がないように注意しましょう。

50
(B76)

右手左手ともに、八分音符は指をはっきり動かしてなめらかに弾きましょう。
16小節目右手1拍目は〝スタッカート〟です。左手の動きに気を取られて忘れないようにしましょう。

51
(B77)

🎵 *poco* ポーコ（少し）

1、2小節目右手のような"同音連打"はテンポが速くならないよう、左手和音の変化に注意しながら弾くことが大切です。反対に9〜13小節目はテンポが緩まないように気をつけましょう。

イ調長音階

 楽典 豆知識

ラ（日本音名：イ）を主音として七つ音を並べた音階をイ調長音階（イ長調）といいます。
ラが指のスタートのポジション（右手は1の指、左手は5の指）となります。
指の交換位置はハ長調と同じですが、ファとドとソに♯が付くことに注意しましょう。

左右の手が会話するかのように、全体的に legato で弾きましょう。
17 〜 20 小節目の右手は、① ② ③ の順で練習すると効果的です。

Let's try!! 4

「アレグロ ホ短調」

TWV.33-21

G.P. テレマン
(G.P.TELEMANN)

Let's try!! 5

「小さなセレナード」

F.J. ハイドン
(F.J.HAYDN)

 転調……曲の途中で調性が変わることを転調といいます。

例：54番は次のように転調が行われています。

ニ長調（1〜8小節） → ト長調（9〜16小節） → ニ長調（17〜24小節）

まず左手伴奏部分を軽快に弾いてみましょう。これは 54 ～ 56 番の共通の課題です。
13 ～ 16 小節目の右手は ① ② ③ の順で、八分休符の間に注意しながら練習するとよいでしょう。

🎵 *leggiero* レッジェーロ（軽快に）

木調長音階

楽典
豆知識

ミ（日本音名：ホ）を主音として七つ音を並べた音階を木調長音階（木長調）といいます。
ミが指のスタートのポジション（右手は1の指、左手は5の指）となります。
指の交換位置は八長調と同じですが、ファ・ド・ソ・レに＃が付くことに注意しましょう。

曲の前半・後半はやわらかく legato で、中間部は左手の伴奏を軽快に、
テンポが速くならないよう注意しながら弾きましょう。
（ホ長調の音階を必ず学習すること。）

左右ともに " 全音符 " をのばしているときには、
次の指の準備をしておくとスムーズに弾くことができます。

42〜45番を復習し、八分音符三つ目の音が長くならないよう、
休符の間に次の音へポジション（手の位置）移動する練習をしてみましょう。

58
(B84)

🎵 🎵 フェルマータ（つけられた音符または休符の2倍程度のばす）

リズムとテンポを一定にするために、左手1〜8小節目、右手9〜16小節目の
三連符をつなげて legato で練習してみましょう。

59
(B85)

「プレリュード　イ短調」

「ピアノ de プレリュード」より

C. ロリン
(C.ROLLIN)

Flowing forward 前へ前へとながれるように

先生

60
(B86)

Moderato

61
(B87)

Allegro moderato

staccato

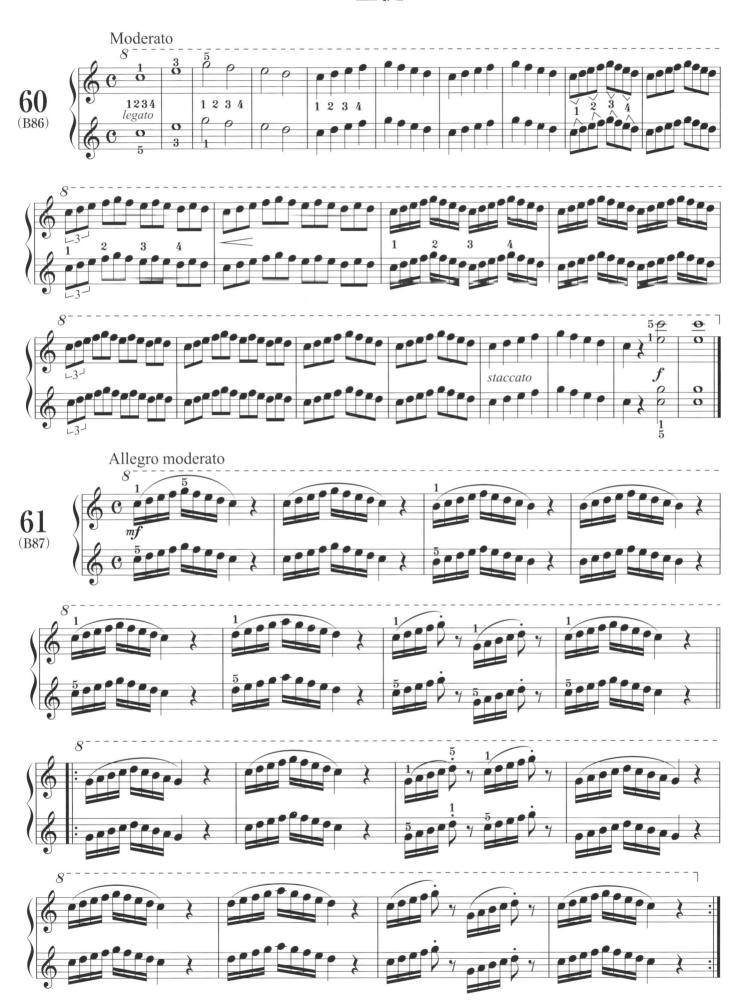

右手の付点リズムが固くならないように、指を楽にして弾きましょう。
7、8小節目の右手十六分音符は、指をはっきり動かしながら①②③の順で練習すると効果的です。

左手の伴奏は楽譜3のように練習してほぐしましょう。
7、15、23小節目は、右手の十六分休符と左手の
3拍目の音の変化とのタイミングに注意しながら弾きましょう。

楽譜3

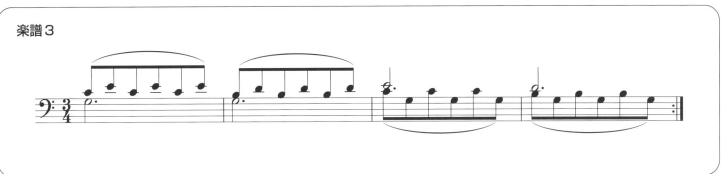

1～4小節目の右手は音が短く乱暴な感じにならないように気をつけましょう。
9～16小節目左手はメロディーが p（ピアノ）ですが、はっきり浮かび上がるように弾きましょう。

marcato　マルカート（はっきりと）

イ調短音階

ラ（日本音名：イ）を主音として七つ音を並べた音階をイ調短音階（イ短調）といいます。
ラが指のスタートのポジション（右手は1の指、左手は5の指）となります。
指の交換位置はハ長調と同じですが、短調は第6音ファと第7音にソに♯や♮が付くので注意しましょう。

短音階

・短音階には次の3種類があります。

① **自然短音階**……主音ラから順番にならべた音階

② **和声的短音階**……自然短音階の主音から数えて第7番目にあたる音を半音上げた音階

③ **旋律的短音階**……上行と下行では音が変わります。上行形は自然短音階の主音から数えて第6・7番目にあたる音が半音上がり、下行形はそれらの音が元に戻り自然短音階の形となる音階

上行形

下行形

なお、65番、67番は③の旋律的短音階からできています。

このような左手の音型は遅くなりがちなので、テンポをキープしながらしっかり弾きましょう。
16小節目右手（ド→ミレドシ）は音が途切れてしまわないよう、手首を軽く構えて弾くとよいでしょう。

65
(B91)

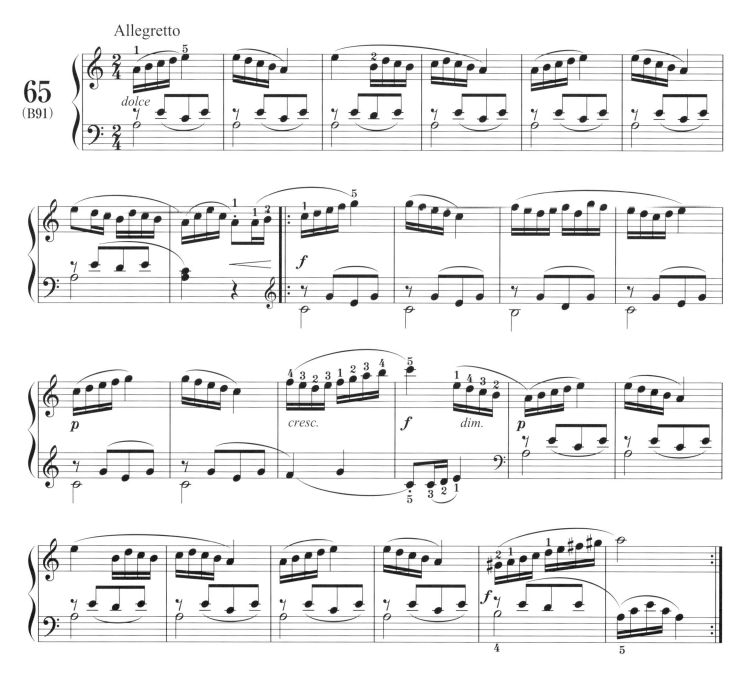

左手三連符のリズムはテンポが遅くなりやすいので、力まずに legato に弾くことが大切です。
和音の細やかな変化にも注意して弾きましょう。

66
(B92)

左手伴奏は和音の変化によりポジションが変わるので、
指の伸縮を意識しながら手首を柔らかく使って弾きましょう。

67
(B93)

ヘ調長音階

ファ（日本音名：ヘ）を主音として七つ音を並べた音階をヘ調長音階（ヘ長調）といいます。
ファが指のスタートのポジション（右手は1の指、左手は5の指）となります。
右手の指の交換位置が今までの調と違うので注意して練習しましょう。

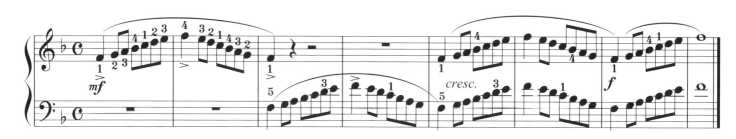

Allegro moderato

テンポが遅くならないよう、2拍子であることを意識して弾きましょう。
7小節目右手は急ぎやすいので、左手にあわせて弾くようにするとテンポが正確になります。

Allegretto

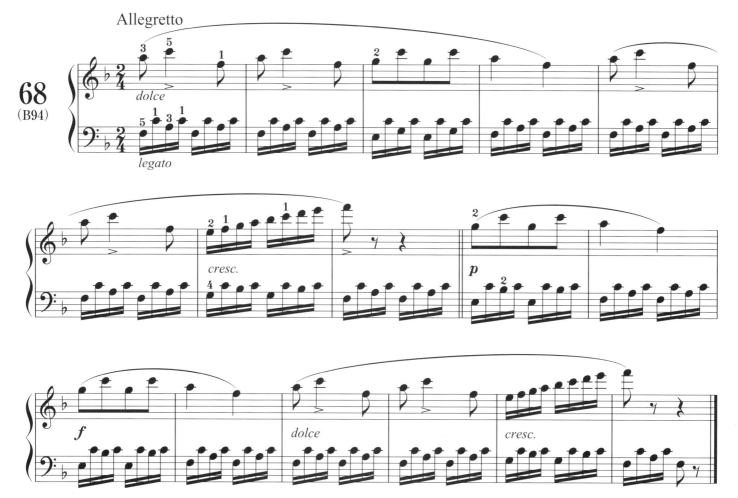

68
(B94)

右手は手首を硬くせず、指の幅を保ちながら弾くことが大切です。
左手は legato で右手のメロディーを支えるように弾きましょう。

テンポが途中で緩まないように気をつけながら、13〜16小節目は ① ② ③ の順で練習すると効果的です。
④ の四分音符は2拍の長さを正確にし、次の音へスムーズに移ることができるように練習しましょう。

♩♫ Allegro　アレグロ（速く）

58番を復習してみましょう。最初は音をそろえて弾くことより、
手首が硬くならないように気をつけることが大切です。

楽譜4

71
(B97)

 ∧ アクセント（強くはっきりと）

左手の伴奏は急がないように刻み、右手の付点のリズムを正しく感じながら軽快に弾きましょう。

72
(B98)

変ロ調長音階

シ♭（日本音名：変ロ）を主音として七つ音を並べた音階を変ロ調長音階（変ロ長調）といいます。
シ♭が指のスタートのポジション（右手は2の指、左手は3の指）となります。
両手とも指の交換位置が今までの調と違うので注意して練習しましょう。

右手の装飾音符は柔らかく聴こえるようにゆっくり弾き、最後の2小節の四分音符は長さを正しく、
強弱をはっきりつけるようにしましょう。

73
(B99)

🎵 Adagio　アダージョ（ゆるやかに）

右手の"前打音"は速く打鍵するのではなく、音がはっきり聴こえるように弾きましょう。
強弱の変化が非常に激しいので、メリハリのある演奏が求められます。

74
(B100)

75
(B101)

7小節目は左手の八分音符を急がず正確に刻み、
右手の十六分音符を手のフォームを丸くしながら弾きましょう。

楽譜5

🎵 ♩.. 複付点四分音符（♩ + ♪ + ♪）

左手の十六分音符は legato でゆっくり練習し、少しずつテンポを上げて弾けるようにしましょう。
8小節目3拍目は左手から右手へすきまができないように弾くことが大切です。

15小節目からの右手は①②③④の順に練習すると効果的です。
右手の十六分音符を弾くときにはテンポが遅くならないよう、
左手の伴奏型をはっきり意識しながら弾くとよいでしょう。

「ウィンナーワルツ」

W.L. ギロック
(W.L.GILLOCK)

Tempo di valse Viennese （ウィンナーワルツのテンポで）

William Lawson Gillock: In Old Vienna
©1969 by The Willis Music Company
Assigned to Zen-On Music Company Ltd. for Japan

vivace ヴィヴァーチェ（活発に）　　L.H（左手で）　　R.H（右手で）

「家路につく牧童」

Le Retour de Pâtre Op.109-3

F.J.F. ブルグミュラー
(F.J.F.BRUGMÜLLER)

grazioso グラツィオーソ（優雅に）　　*dolciss.* ドルチッシモ（より柔和に）

energico エネルジコ（力強く）

「魔法の木」

W.L. ギロック
(W.L.GILLOCK)

Quick, mysterious （素早く、怪しげな）

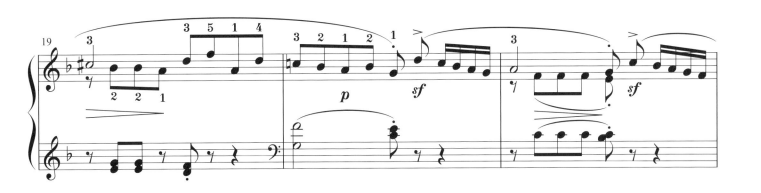

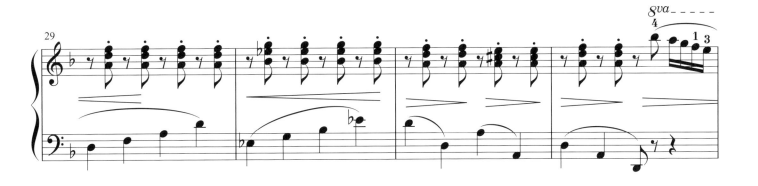

（1オクターブ低く）

L.H.（左手で）　　R.H.（右手で）

編著者紹介

荒井　弘高（あらい　ひろたか）
国立音楽大学音楽学部声楽科卒業。
現在、白鴎大学教育学部教授。

今田　政成（いまだ　まさなり）
国立音楽大学音楽学部教育音楽学科卒業。
現在、白鴎大学教育学部教授。

岡田　泰子（おかだ　やすこ）
愛知県立芸術大学音楽学部音楽科器楽（ピアノ）専攻卒業。
現在、中部学院短期大学部幼児教育学科教授。

近藤　茂之（こんどう　しげゆき）
愛知県立芸術大学音楽学部音楽科器楽（ピアノ）専攻卒業、同大学院修了。
現在、名古屋短期大学保育学科教授、東海学園大学教育学部、
名古屋文化学園保育専門学校　各非常勤講師。

小学校教諭・幼稚園教諭・保育士をめざす人のための
Let's play the BEYER　plus ピアノ曲

発　　　行　2021 年 3 月 25 日　初版　第 1 刷発行

編　著　者　荒井　弘高・今田　政成・岡田　泰子・近藤　茂之

発　行　者　小森　順子

発　行　所　圭文社

　　　　　　〒 112-0013　東京都文京区音羽 1-14-2

　　　　　　TEL：03-6265-0512　FAX：03-6265-0612

編集・制作　アトリエ・ベアール

印刷・製本　恵友印刷

ISBN978-4-87446-089-4　C1073
JASRAC（出）許諾 2100790-101